jetzt sind wir wieder mittendrin in der Vorweihnachtszeit, die uns zum Werkeln und Basteln einlädt. In diesem Buch zeige ich Ihnen meine schönsten Ideen: Weihnachtsmänner, die es eilig haben, lustige Gesellen für den Adventskalender, ein weihnachtliches Alphabet und vieles mehr. Manche der vorgestellten Ideen passen nicht nur zur Weihnachtszeit, sondern können Sie auch den Winter hindurch begleiten: der lustige Zappelschneemann, der Eisbär, das Schlittschuh laufende Rentier oder die Winterfreunde Pinguin, Schneemann und Rentier.

Viel Spaß beim Basteln und Dekorieren sowie eine schöne Weihnachts- und Winterzeit wünscht Ihnen

Ihre 

IHRE GRUNDAUSSTATTUNG

Diese Materialien und Werkzeuge werden häufig verwendet. Sie sollten sie zur Hand haben, denn sie werden in den Materiallisten nicht gesondert aufgeführt.

- festes Transparentpapier (für Schablonen)
- feine Filzstifte in Rot und Schwarz (für Augen und Mund)
- Lackmalstift in Weiß (für Lichtpunkte)
- Pauspapier
- weicher Bleistift, Bleistiftanspitzer, Radiergummi
- Alleskleber, Klebestift, Heißklebepistole, z. B. UHU
- mittelgroße, spitze Schere, Nagelschere
- Cutter mit geeigneter Schneideunterlage
- Buntstifte in vielen Farben
- Nadel und Faden (Nähseide, Nylonfaden)
- Zirkel oder Prickelnadel
- Schaschlikstäbchen
- Schleifpapier, Messer
- Klebepads oder Abstandsband

Hinweise: Mit „Rest" ist immer ein Stück gemeint, das maximal A5 groß ist.

Wenn Kinder bei den Bastelarbeiten mithelfen, lassen Sie sie den Cutter nie allein benutzen. Auch die Heißklebepistole gehört nicht in Kinderhände.

So geht's

1 Die Vorlage mit Bleistift auf ein festes Transparentpapier übertragen und ausschneiden – fertig ist die Schablone.

2 Diese Schablone auf das Papier in der gewünschten Farbe auflegen, mit einem Bleistift umfahren und ausschneiden. Abgerundete Formen lassen sich leichter mit einer kleinen Nagelschere schneiden, gerade Schnitte gelingen am einfachsten mit einem Cutter. Dabei muss immer eine feste Unterlage verwendet werden und Kinder sollten damit nicht unbeaufsichtigt arbeiten.

3 Mithilfe des Vorlagenbogens die Einzelteile positionieren, zusammenkleben und zusätzlich dekorieren: zeichnen, beschriften, bemalen. Die Gesichtslinien mit Filzstift aufmalen. In die schwarzen Augen und auf die roten Nasenpunkte kann mit weißem Lackmalstift ein Lichtpunkt gesetzt werden.

Tipp: Fotokarton-Dessins, die wie Stoff aussehen, kann man ganz einfach selber machen. Vor dem Ausschneiden mit Buntstift ca. 1 cm breite Karos aufzeichnen und mit einer anderen Farbe dann Linien dazwischen ziehen.

1

2

3

Tipps und Tricks

- Auch die Gesichtslinien werden mit Transparentpapier übertragen. Dafür die Vorlage abpausen, das Papier wenden und auf der Rückseite alle Innenlinien mit einem weichen Bleistift nachziehen. Dann das Papier wieder wenden, passgenau auflegen und die Innenlinien mit einem harten Bleistift nachziehen.
- Dünne Papier- oder Drahtspiralen entstehen, indem man den Draht eng um ein Stäbchen oder einen Bleistift wickelt, vorsichtig wieder abstreift und eventuell etwas auseinanderzieht.
- Die Wangen können mit Abrieb vom roten Buntstift gefärbt werden. Dazu mit einem Bleistiftspitzer oder Schmirgelpapier etwas Farbe vom Stift schaben und auf dem Gesicht verreiben.
- Streifen werden mit Buntstiften aufgemalt, farbige Punkte mit Lackmalstift oder Filzstift gesetzt.
- Einen plastischen Effekt erzielt man, wenn Teile mit Klebepads unterlegt werden wie z. B. Ärmel oder Kartonnase.

Der Weihnachtsmann hat's eilig

→ lustiges Fensterbild

MOTIVHÖHE
ca. 33 cm

MATERIAL
- Fotokarton in Rot, Weiß, Schwarz, Hautfarbe und Silber, A4
- Fotokartonreste in Blau, Grün, Hellgrau, Gelb und Rosa
- Wellpapperest in Schwarz
- 2 Metallknöpfe, ø 2,2 cm
- Faden in Gelb, 30 cm lang
- Holzstreuteile: Bär und Tanne, 2,5 cm hoch

VORLAGENBOGEN 1A+1B

1 Da das Motiv recht groß ist, sollten alle Teile aus starkem Fotokarton angefertigt werden, damit es stabiler wird. Es ist günstig, zuerst alle Einzelteile auszuschneiden und zurechtzulegen und sie laut Vorlage zu positionieren.

2 Zuerst das Fahrrad zusammenkleben und die Knöpfe als Naben daran fixieren. Darauf setzt man die Grundform der Figur, bestehend aus Hose und Schal. Auf deren Rückseite das mit Filz- und Buntstift gemalte Gesichtchen und das wehende Haarteil ankleben, auf der Vorderseite die Jacke mit Ärmel, hinter dem der Handschuh steckt. In die Jacke mit dem Cutter vorher die Taschenöffnung einschneiden.

3 Den weißen Bart und den Schnurrbart zuletzt ankleben. Der Schuh kommt auf das Pedal und die hinter die Hose geklebten weißen Socken erhalten mit einem Filzstift rote Streifen.

4 In der Manteltasche steckt ein Holzbärchen, hinten am Fahrrad ist ein Baum aus Holz oder aus Papier fixiert. Den Schal des Weihnachtsmannes fransig schneiden.

5 Dem Mäuschen sein Gesicht aufmalen und das rosa Innenohr ankleben. Das Köpfchen auf dem Schal und diesen auf dem blauen Fahrradkorb fixieren. Die grauen Pfötchen aufkleben und dahinter das mit einem Faden geschnürte Paket setzen. In der Eile verliert der Weihnachtsmann seine Zipfelmütze!

Motivvariante (oben): Die Einzelteile des rodelnden Weihnachtsmannes (Vorlagenbogen 1B) ebenso mithilfe der Vorlage zusammenfügen. Das Auge aufmalen oder einen Klebepunkt, ø 8 mm, verwenden. Besonders lustig wirkt das Motiv in einer Fensterecke auf einer Schneefläche aus Strukturpapier.

Bunte Weihnachtsclique

→ **Adventskalender oder Geschenkverpackung**

1 Für den Boden wird der Rand der Toilettenpapierrolle mit Heißkleber bestrichen, diese auf Fotokarton aufgesetzt und ringsum mit einer Schere begradigt. Alle Rollen werden dann mit Fotokarton in der entsprechenden Farbe umklebt.

2 Der Schneemann erhält einen Pompon als Nase und einen Filzschal umgebunden.

3 Dem Nikolaus werden auf dem hautfarbenen Karton der weiße Schnurrbart, darüber der Nasenpompon und zwei Pompons am Mantel aufgesetzt.

4 Dem Rentier werden seitlich zwei Ohren angeklebt. Diese sind in der Mitte eingeschnitten, leicht übereinandergeschoben und zusammengeklebt. Ein schwarzes Fellteil klebt an der Stirn, das Geweih wird innen an die Rolle geklebt. Der rote Bindfaden mit Stern und Perle hängt über seinem Ohr und um die Mitte trägt er einen Filzschal.

5 Der Pinguin erhält ein weißes Bauchteil, darauf den doppelten Schnabel aus Filz und seitlich zwei Flügel.

6 Schneemann, Weihnachtsmann und Pinguin erhalten eine bunte Filzmütze. Der Rand des Filzstreifen wird umgebogen, das Teil rings um die Rolle geklebt und an den Enden verklebt. Mit einem roten Wollfaden, an dessen einem Ende ein gelber Stern klebt und anderem eine gelbe Perle aufgefädelt wurde, wird die Mütze geschlossen

MOTIVHÖHE
ca. 15 cm

MATERIAL PRO FIGUR
- Toilettenpapierrolle
- Motivlocher: Stern, ø 2,5 cm
- Wollfaden in Rot, 20 cm lang
- Holzperle in Gelb, ø 1 cm
- Tonpapierrest in Gelb

ZUSÄTZLICH SCHNEEMANN
- Fotokartonrest in Weiß
- Pompon in Rot, ø 1 cm
- Filzreste in Hellblau und Violett

NIKOLAUS
- Fotokartonreste in Rot und Hautfarbe
- Filzreste in Weiß und Rot
- Pompon in Rot, ø 1 cm, und 2 x Schwarz, ø 7 mm

RENTIER
- Fotokartonreste in Braun, Dunkelbraun und Schwarz
- Pompon in Rot, ø 1 cm
- Filzrest in Grün

PINGUIN
- Fotokartonreste in Schwarz und Weiß
- Filzreste in Orange und Violett

VORLAGENBOGEN 1A

Zappel-Schneemann

→ hüpft auf und ab

MOTIVHÖHE
ca. 30 cm

MATERIAL
- Fotokarton in Weiß, A4
- Fotokartonreste in Hell- und Dunkelblau, Schwarz und Blau-Weiß gepunktet
- Wellpapperest in Weiß
- Tonpapierrest in Rot
- 2 Glöckchen in Rot, ø 1,5 cm
- Chenilledraht in 2 x Weiß
- Ziehfeder
- Knopf in Schwarz, ø 1,6 cm
- Nadel und Faden in Rot

VORLAGEN-BOGEN 1B

1 Auf das Bauchteil die Chenilledrahtstücke kleben und mit dem Vorderteil sauber verdecken. Das Gesicht aufmalen, die Nase aufkleben und die Wangen mit Buntstiftabrieb röten.

2 Das Köpfchen auf den Hals kleben und mit dem weißen Hinterkopfteil schließen. In das vordere Hutteil eine Linie einschneiden. Dann den Hut über den Kopf schieben und hinten befestigen. Für die Haarlocke wickelt man einen schmalen Streifen Wellpappe mit waagerechtem Rillenverlauf eng um ein Stäbchen. Den Schal beidseitig aufsetzen.

3 Die Handschuhteile an die Arme kleben, dabei die Glöckchen mit einfassen. Die Schuhe an die Beine kleben und den Ansatz vom Chenilledraht durch die doppelt angeklebten Socken mit aufgemalten roten Streifen verdecken. Der Knopf kann aufgenäht oder -geklebt werden.

4 Die Ziehfeder durch den Hut stechen und dahinter hochbiegen, der Schneemann kann aber auch mit einem Faden aufgehängt werden.

Weihnachts-Alphabet

→ drollige Buchstaben

MOTIVHÖHE
ca. 12 cm

MATERIAL
- Fotokartonreste in Weiß, Rot, Grün, Blau, Schwarz, Hellbraun und Gelb
- Tonpapierreste in Weiß und Schwarz
- Plüschpompons in Rot, ø 7 mm

VORLAGEN-BOGEN
1 B + 2 A + 2 B

1 Alle Teile aus Fotokarton anfertigen, nur Rentiergeweih und Weihnachtsmannbart lassen sich leichter aus Tonpapier ausschneiden.

2 Schuhe oder Händchen auf die Buchstaben kleben. Die Gesichter mit Filzstift gestalten und Pompons als Nasen sowie Hut, Bart etc. ankleben. Die fertigen Köpfe einfach an die Buchstaben kleben.

3 Für die Karten und Paketanhänger wird ein Streifen des Rechtecks nach vorne geknickt und mit farbigem Fotokarton überdeckt. Darauf klebt das jeweilige Köpfchen. Die Hände werden um die Kante gebogen und beidseitig angeklebt.

4 Mit den Buchstaben kann man Schriftzüge zusammensetzen. Sie werden dann mit einem dünnen Nylonfaden verbunden. Einige Buchstaben können dann auch einfach nur Schneehauben erhalten (wie auf Seite 1).

Tipp: Die Farben und Figuren der Buchstaben sind austauschbar.

ABCDE
FGHIJK
LMNOP
QRSTU
VWXYZ

MOTIV-GRÖSSE
ca. 15 cm

MATERIAL

- 2 Holz- oder Spanschachteln, ø 12 cm
- Formfilz in Rot, A4
- Acrylfarbe in Rot, Grün und Hautfarbe
- Schleifenband in Rot-Weiß kariert, 1 cm breit, 2 x 15 cm lang
- Satinband in Grün, 1 cm breit, 2 x 15 cm lang
- Naturbast

VORLAGENBOGEN 1B

Wichteldosen

→ zum Verschenken

1 Den Schachteldeckel hautfarben bemalen, den Deckelrand rot, die Schachtel innen und außen grün.

2 Die Bastzöpfe flechten, mit Satinband abbinden und dem Mädchen aufsetzen. Einige lose Bastfäden dazwischen verteilen. Beim]ungen einzelne Bastfäden aufkleben. Die Mütze aus Formfilz darüber positionieren.

3 Augen und Mund mit wasserfestem Filzstift zeichnen, Zunge und Nase mit Acrylfarbe malen. Die Wangen mit Buntstiftabrieb röten und die geknüpfte Schleife ankleben.

Rentier Rudi

→ macht sich überall gut

MOTIVHÖHE
ca. 10 cm

MATERIAL
- Fotokartonrest in Weiß
- Tonpapierrest in Rot oder Weiß-Rot kariert
- Plastikhalbperle in Schwarz, ø 8 mm

VORLAGENBOGEN 2A

1 Das Rentier mit einer Nagelschere aus Fotokarton ausschneiden und die schwarze Nase aufkleben. Die Gesichtslinien mit Filzstift aufmalen.

2 Die Satteldecke entsteht aus einem in der Mitte gefalzten Rechteck aus rotem Tonpapier, auf das mit weißem Lackmalstift ein Muster aufgemalt wird. Noch einfacher ist es, gemustertes Tonpapier zu verwenden.

Tipp: Das Rentier eignet sich für vielfältige Anwendungen: als Geschenkanhänger, Baumschmuck, Tischkärtchen, für Karten und vieles mehr.

Weihnachtszug

→ mit Kätzchen

MOTIVHÖHE
ca. 19 cm

MATERIAL
- Fotokarton in Hellbraun, A3
- Fotokartonreste in Gold, Weiß, Rot und Dunkelbraun
- Tonpapierreste in Weiß-Rot kariert und Weiß-Rot gestreift
- Wellpappereste in Gold und Rot
- 6 Plastikhalbperlen in Schwarz, ø 1 cm
- Papierdraht, ø 1 mm, 2 m lang
- Faden in Rot, ø 2 mm, 50 cm lang
- Glöckchen in Gold, ø 1,6 cm
- Holzstern in Gold, ø 3,5 cm
- Thyrazweige
- Schnee- oder Plusterstift in Weiß

VORLAGEN-BOGEN 2B

1 Alle für den Zug benötigten Teile aus Fotokarton ausschneiden. Aus dem Führerhaus der Lokomotive das Fenster herausschneiden und den weißen Rahmen darum herum kleben. Die Lokomotive zusammenfügen und – wie auch die Waggons – mit einem roten Papierkreis bekleben und mit Pluster- oder Schneestift bemalen.

2 Auf jedes Rad eine Halbperle kleben und sie mit Klebepads auf die Waggons setzen; die Lokomotive erhält zusätzlich ein weißes Keksrad.

3 Mit einer Nadel in jeden Waggon rechts und links ein Loch stechen, in die Lokomotive nur an der linken Seite. Den roten Faden durchfädeln und damit den Zug verbinden.

4 Sämtliche Pakete mit Papierdraht umschlingen und versetzt hinter die Waggons kleben. Den Holzstern von vorn aufkleben.

5 Der Katze mit Bunt- und Filzstift ihr Gesicht aufmalen und sie hinter einen Waggon kleben, die Pfoten darauf. Das Motiv mit kleinen Thyrazweigen dekorieren.

Engel Raphael

→ ganz verträumt

MOTIVHÖHE
ca. 19 cm

MATERIAL
- Fotokartonreste in Weiß, Hautfarbe und Gelb
- Transparentpapierrest
- Klebepunkt in Rot

VORLAGENBOGEN 3B

1 Den Schopf aufkleben und das Gesicht mit Filz- und Buntstift gestalten. Als Nase den Klebepunkt verwenden.

2 Den Kopf sowie ein Ärmchen hinter die Wolke setzen, das andere Ärmchen von vorne aufkleben. Zum Schluss die Flügel anbringen.

Klemmentinis

→ weihnachtliche Wäscheklammern

MOTIVHÖHE
ca. 10 cm

MATERIAL WEIHNACHTSMANN

- Holzwäscheklammer, 7 cm lang
- Acrylfarbe in Rot und Schwarz
- Fotokartonreste in Rot und Hautfarbe
- Tonpapierrest in Weiß
- Papierdraht in Rot, ø 2 mm, 10 cm lang
- 2 Holzperlen in Hellblau, ø 7 mm
- Chenilledraht in Weiß, 8 cm lang (1 x 5 cm, 1 x 3 cm)
- Plüschpompon in Weiß, ø 7 mm

RENTIER

- Holzwäscheklammer, 7 cm lang
- Acrylfarbe in Pink
- Fotokartonreste in Rot, Grün, Hellbraun und Gelb
- Filzrest in Hellblau
- Papierdraht in Rot, ø 2 mm, 10 cm lang
- 2 durchgebohrte Rohholzkugeln, ø 7 mm

VORLAGENBOGEN 1A

Weihnachtsmann

1 Die Körperseite der Wäscheklammer mit rotem Fotokarton überkleben, zwei schwarze Knöpfe und Schuhe aufmalen, den weißen Chenilledraht herumführen und ankleben.

2 Die Holzperlen mit Klebstoff auf den Papierdraht schieben und die Ärmchen an der Rückseite der Klammer fixieren.

3 Das Gesichtchen dekorieren, die Bartteile übereinander aufkleben und mittig den roten Nasenpunkt aufsetzen. Die Mütze anbringen, ihren Rand mit Chenilledraht bekleben und den Pompon auf die Spitze setzen.

Rentier

1 Die Klammer mit dem roten Kartonstreifen überkleben und die weißen Streifen mit Buntstift aufmalen. Das grüne Hemd und den Filzschal aufkleben.

2 Die Gesichtslinien aufzeichnen, die Nase samt Geweih fixieren und das Köpfchen aufsetzen.

3 Die Rohholzkugeln mit Klebstoff auf den Papierdraht schieben und die Vorderbeine in die Klammer kleben.

Backe, backe, Kuchen

→ weihnachtlicher Fensterschmuck

MOTIVHÖHE
ca. 36 cm (Bäckerin),
ca. 12 cm (Zwerg)

MATERIAL BÄCKERIN

- Fotokarton in Mittelblau, A4
- Fotokartonreste in Hell- und Dunkelblau, Rot, Weiß, Hellbraun und Hautfarbe
- Filzrest in Blau
- 5 Plüschpompons in Rot, ø 7 mm
- Papierdraht in Blau, ø 2 mm, 2 x 15 cm lang
- Bastfäden in Brauntönen
- Blumendraht in Schwarz, ø 0,35 mm, 1 m lang
- 3 Küchengeräte-Miniaturen aus Holz

ZWERG

- Fotokartonreste in Rot, Weiß und Hautfarbe
- Bastfäden in Brauntönen

VORLAGENBOGEN 3B

Bäckerin

1 Alle benötigten Teile ausschneiden und die weißen Dekorationen mit Lackmalstift aufmalen. Die roten Streifen auf den Strümpfen aufmalen und bei den Lebkuchen die Pompons aufsetzen. Das Kleid mit blauen Filzstiftpunkten versehen.

2 Die Gesichtslinien zeichnen, Nase und Wangen röten. Einige längere Bastfäden zu Zöpfen flechten und mit Papierdraht zusammenknüpfen. Beidseitig aufkleben und einige lose Bastfäden als Pony dazwischen einlegen. Die Zipfelmütze über die Klebestellen schieben und die längeren Enden an der Kopfrückseite fixieren.

3 Die Hände hinter die Ärmel kleben, darauf das Kleid, darüber den Kragen und auf diesen das Köpfchen. Die aufgesetzte Filztasche nur am Rand ankleben und zum Schluss die Holzminiaturen einstecken. Die Strümpfe von hinten am Kleid positionieren, auf die roten Kreise setzen und diese auf die Schuhe. Einige Teile wie z. B. Kragen und Träger des Kleides mit Moosgummi oder Abstandspads unterlegen.

4 Die Lebkuchen mit Blumendraht zu einer Kette verbinden, um die Hände schlingen und die Enden mit dem Rest verdrehen.

Kantenzwerg

1 Das Gesicht anmalen und die runde Nasenlinie aufschneiden. Das Bartteil dort einschieben, ankleben und seine Ränder leicht nach oben biegen. Einige Basthaare anbringen.

2 Die Punkte auf Mütze und Handschuh mit Lackmalstift aufmalen. Die Mütze aufsetzen und mit den Enden der Seitenstreifen an der Rückseite fixieren.

Niedliches Bärchen

→ mit Geschenken

MOTIVHÖHE
ca. 37 cm

MATERIAL
- Fotokarton in Weiß, A3
- Wellpappe in Silber, 50 cm x 70 cm
- Formfilzrest in Blau
- Pappkiste, 20 cm breit, 18 cm hoch

VORLAGEN-BOGEN 4A

1 Den Eisbärenkopf, den Oberkörper, die Pfoten und die Vogelkörper sowie -flügel aus Fotokarton ausschneiden. Den Schal aus Formfilz zuschneiden und den Schnitt mit einem Cutter einschneiden.

2 Das Eisbärengesicht mit Filzstift aufzeichnen und die Nase mit einem dicken Filzstift ausmalen. Die Lichtflecken aussparen oder mit einem Lackmalstift zeichnen. Die Wangen mit rosa, die Füße mit blauen Buntstiftschattierungen gestalten. Die Vögel mit schwarzem Filzstift und gelbem und rosa Buntstift bemalen und die Flügel aufkleben.

3 Den Hals in den mit weißem Buntstift und schwarzem Filzstift gestalteten Formfilzschal stecken und auf der Rückseite festkleben. Auf den Oberkörper setzen.

4 Die Kiste mit Wellpappe bekleben und die Einzelteile ansetzen. Ein Vögelchen auf dem Bärenschal platzieren.

Tipp: Mit einem Eisbärenköpfchen kann auch eine Käseschachtel gestaltet werden. Den Kopf aus Velourspapier zuschneiden und 8 mm große Halbperlen als Augen und eine 2 cm große Perle als Nase aufkleben. Mund und Wangen aufmalen. Den Rand der Schachtel mit Wellpappe umkleben.

Rudolf, der Briefträger

→ hält die Weihnachtspost

MOTIVHÖHE
ca. 36 cm

MATERIAL

- Fotokartonreste in Rot, Gelb, Grün, Hell- und Dunkelbraun, Hellblau, Schwarz und Silber
- Tonpapierreste in Schwarz, Weiß und Violett
- Knopf in Weiß, ø 1 cm
- Nadel und Nähfaden in Rot und Gelb
- Kordel in Silber, ø 3 mm, ca. 2 m lang
- kleine Holzklammern
- Motivlocher: Baum, ca. 2,5 cm hoch

VORLAGENBOGEN
4 B

1 Alle Einzelteile ausschneiden und mithilfe des Vorlagenbogens positionieren. In das rote Oberteil einen Schlitz einschneiden, dort die blaue Hose einschieben und beide Teile zusammenkleben.

2 Der grüne Schal folgt als nächstes und darauf wird der Kopf geklebt. Dem Rentier mit Filzstift schwarze Augenkreise und die Mundlinie aufmalen und mit Buntstift die roten Wangen. In die Augen und auf das rote Nasenteil mit Lackmalstift einen weißen Lichtpunkt setzen.

3 Das Geweih wird hinter den Kopf geklebt, daran hängt ein Sternchen. Dann das schwarze Haarteil aus Tonpapier am Kopf fixieren. Auf die weißen Socken rote Streifen malen, die schwarzen Schuhe aufkleben – die weißen Linien sind mit Lackmalstift aufgemalt – und hinter diese die aus vier Teilen bestehenden Schlittschuhe setzen.

4 An die braunen Ärmchen werden die unteren Handschuhteile geklebt und die darüberliegenden Teile nur am Außenrand fixiert, sodass die Kordel darunter durchgezogen und festgeklebt werden kann.

5 Alle Dekorationslinien werden mit Filzstift aufgezeichnet, der Knopf angeklebt oder -genäht und die ausgestanzten Bäumchen und der violette Flicken aus Tonpapier aufgesetzt. An die Kordel kann die Weihnachtspost geklammert werde. Sie dient gleichzeitig zum Aufhängen.

Engelchen

→ niedliche Himmelsboten

MOTIVHÖHE
Bube ca. 38 cm
Mädchen ca. 14 cm

MATERIAL
BUBE
- Fotokarton in Weiß mit goldenem Sternenmuster, A4
- Fotokartonreste in Gold, Rot, Braun und Hautfarbe
- Kordel in Weiß, 2 x 8 cm lang
- Edelbast in Weiß
- Tannenranke in Grün, 6 mm breit, 40 cm lang
- Satinband in Rot, 2 mm breit, 40 cm lang
- Holzstern in Gold, ø 2 cm

MÄDCHEN
- Fotokartonreste in Weiß-Gold mit Sternen, Rot und Hautfarbe
- Tonpapierrest in Gold
- Kordel in Gold, ø 1 mm, 60 cm lang
- Plüschpompon in Rot, ø 7 mm

VORLAGEN-BOGEN 3A

Mädchen

1 Auf das Sternenkleidchen die Ärmel und darüber die goldene Halskrause aus Tonpapier setzen. Das Gesichtchen erhält Augen und Mund mit Filzstift, die roten Wangen mit Buntstift aufmalen. Als Nase einen roten Pompon aufkleben und die goldenen Haarteile aufsetzen. Für die Goldlocken einen schmalen Streifen Tonpapier eng an einem Schaschlikstäbchen entlang aufwickeln, kurz festhalten und dann hinter das Köpfchen kleben.

2 Hinter den Ärmeln die Hände, hinter dem Kleid die Beinchen und darüber die Schuhe befestigen.

3 Um das rote Paket den Goldfaden binden und dieses dann in den kleinen eingeschnittenen Handschlitz stecken und festkleben. Zum Schluss noch die Flügel befestigen.

Bube

1 Die Hände von hinten an die Ärmel kleben. Ärmel und Kragen mit Abstandspads auf dem Sternkleidchen fixieren. Die Flügel an der Rückseite anbringen.

2 Das Gesicht aufzeichnen, die Wangen rot einfärben und als Nase einen mit Buntstift rot bemalten Kreis aufsetzen. Den Bast mittig bündeln, zusammenbinden und als Frisur ankleben. Die Haare auf die gewünschte Länge kürzen und die Mitte mit dem Goldstern überkleben. Das Köpfchen aufsetzen und Halsansatz sowie Kleidsaum mit Tannenranke schmücken.

3 Das rote Oval auf die braunen Schuhe kleben und ein Loch einstechen. Die Kordel durchführen, an der Hinterseite festkleben und die Beinchen an der Kleidrückseite fixieren.

4 Die Herzform mit Tannenranke umkleben und die doppelt genommene Kordel als Aufhängung fixieren.

Wie viele Tage sind es noch?

→ Warten auf Weihnachten

MOTIVHÖHE
ca. 33 cm

MATERIAL
- Fotokarton in Rot, Weiß und Hellbraun, A4
- Fotokartonreste in Schwarz, Hautfarbe, Grün, Grau, Blau, Violett und Gelb
- Tonpapierrest in Rosa
- bunte Papierziffern, 2,5 cm hoch
- Filzrest in Gelb
- Pompons in Rot, ø 1,5 cm, und Weiß, ø 2 cm
- Kordel in Rot, ø 1 mm, ca. 10 cm, und Braun, ca. 20 cm lang
- Bastfaden in Rot, ca. 20 cm lang
- Zackenschere

VORLAGENBOGEN
4 B

1 Zuerst alle Einzelteile fertigen und dann zusammenkleben. Beim Positionieren hilft der Vorlagenbogen. Auf dem roten Grundkörper werden zuerst die roten Ärmel fixiert. Darüber klebt das weiße Bartteil, auf das das hautfarbene Gesicht mit den aufgemalten Augen und Wangen gesetzt wird. Den Schnurrbart aufkleben, die losen Enden etwas hochbiegen, dann den Nasenpompon aufsetzen. Der Mund ist aufgemalt.

2 Hinter die Mützenspitze ein Stück Kordel mit dem Pompon befestigen, in den Schal einige Löcher bohren und kurze Bastfäden einknüpfen. Auf die weißen Socken rote Streifen aufmalen, dann hinter die Beine kleben und die Schuhe anbringen.

3 Die Handschuhe auf den Geschenksack, um den vorher der Bastfaden geschnürt wurde, und hinter die Arme kleben. Das Mäuschen bekommt die Gesichtslinien mit Filzstift aufgemalt und das rosa Innenohr angeklebt. Das fertige Köpfchen wird auf den roten Schal gesetzt und dann am Sack fixiert. Das Händchen um die Kante biegen und dahinter ankleben.

4 Nun den gelben Filzflicken, dessen Rand mit der Zackenschere geschnitten wurde, aufkleben.

5 Das Kästchen für die verschiedenfarbigen Datumskärtchen mit den farbigen Ziffern ist aus einem Stück gefertigt. Den Schriftzug zuvor aufbringen. Die Biegekanten werden an einem Lineal entlang mit der Zirkelspitze leicht angeritzt, gebogen, über die Falzstreifen zusammengeklebt und am Sack fixiert. Vorher mit einem Lackmalstift oder Gelstift beschriften.

Tipp: Für die 24 Tage brauchen Sie 13 Kärtchen. Damit kann jedes Datum zusammengestellt werden (siehe Vorlage).

2
1

MOTIVHÖHE
ca. 35 cm

MATERIAL

- Fotokarton in Hellblau und Helltürkis, A4
- Fotokartonreste in Weiß, Violett, Rot, Hellgrün, Gelb, Orange, Hellbraun, Rosa, Pink, Hellblau und Schwarz
- Formfilzreste in Schwarz und Rot
- Papierdraht, ø 2 mm, in Gelb, je 2 x 6 cm (Pinguinfüße), und in Weiß, 4 cm lang (Hasenhals, Pinguinmütze)
- Aludraht in Schwarz, ø 1 mm, 1 m lang
- einige Naturbastfäden
- Pompon in Weiß, ø 7 mm
- Chenilledraht in Weiß, 8 cm lang
- Paketschnur, 10 cm lang (Schuhbänder)
- Wollfaden in Rot, 15 cm lang
- Plusterfarbe in Weiß

VORLAGEN-BOGEN 4A

Schneefreunde

→ Kunterbuntes für die Türe

1 Die Gesichter aufmalen und die Wangen mit Buntstiftabrieb röten. Beim Schneemann die Nase und Bast als Haare aufkleben. Beim Rentier die Nase mit Abstandsband aufsetzen und beim Pinguin den Schnabel nur am oberen Ansatz festkleben.

2 Auf den Formfilzhut des Schneemannes ein violettes Band kleben. Die Hasenpfoten aufsetzen, an der Rückseite das Papierdrahtstück für den Hals fixieren. Daran das Hasenköpfchen mit aufgemaltem Gesicht befestigen. Den Schal mit Buntstiften bemalen und auf den Körper kleben. Dem Schneemann den Hut aufsetzen und den Kopf auf den Schal kleben.

3 Den Rand der Rentiermütze mit Buntstift bemalen, die Mützenteile zusammenkleben, auf dem Kopf fixieren und auf der Rückseite das Geweih anbringen.

4 Die Armlinien mit Filzstift auf die Formfilzjacke zeichnen, den rechten Ärmelsaum quer einschneiden, den Handschuh einschieben und fixieren. Den anderen Handschuh an der Rückseite ankleben. Den Schal mit Buntstiften bemalen, an der vorgezeichneten Stelle einschneiden, aufkleben, den Hals in den Schlitz einschieben und festkleben. Die Beine zurechtlegen und die Schuhe mit eingeknüpfter Paketschnur und die Strümpfe mit aufgemalten Streifen befestigen.

5 Beim Pinguin den Flügel nur mit dem oberen Rand auf den Körper kleben, darüber den Schal befestigen. Die Mütze aufsetzen, den Rand mit Chenilledraht umkleben und den Pompon mit etwas Papierdraht an die Spitze hängen. Die beiden Papierdrahtbeine zurechtlegen und die Kartonfüße aufkleben.

6 Das hellblaue Schild türkis unterlegen und mit einem schmalen Rand ausschneiden. Die drei Freunde an seiner Rückseite ankleben: Zuerst die Beinchen von Pinguin und Rentier befestigen, dahinter beide Figuren und zum Schluss den Schneemann dazwischen positionieren.

7 Den Aludraht durch das Schild stechen, das Ende eindrehen, zu Spiralen biegen und an der anderen Schildseite durchstechen und fixieren. Den Draht auch am Hasenköpfchen festkleben und einige Sterne aufsetzen. An einem Wollfaden Herzchen dazuhängen und mit Plusterfarbe Schnee aufmalen. Das Schild mit einem Lackmalstift beschriften.

Snow friends

Weihnachtsmäuschen

→ Überraschung im Nikolausstiefel

MOTIVHÖHE
ca. 31 cm

MATERIAL
- Fotokarton in Rot, A4
- Fotokartonreste in Gelb, Weiß, Hellgrau, Grün und Schwarz
- Prägekartonrest in Beige
- 3 Metallglöckchen in Gold, ø 1 cm
- 3 Pompons in Rot, ø 1 cm
- Karoband in Rot-Grün, 1,5 cm breit, 15 cm lang, und Rot-Weiß, 1cm breit, 15 cm lang
- Wattekugel, ø 1,2 cm
- feiner Filzstift in Hellgrün

VORLAGEN-BOGEN 3A

1 Zuerst den Stiefel ausschneiden und daran die anderen ausgeschnittenen Teile fixieren: den Stiefelrand aufsetzen und die zwei Händchen daraufkleben. Die Sterne aufkleben und die „Aufhängeschnur“ mit schwarzem Filzstift malen.

2 Den Mäusekopf ausschneiden, bemalen und zwei dünne Papierstreifen als Haare dahinterkleben. Die Nase aufkleben und die Lichtpunkte mit Lackmalstift setzen. Den Kopf hinter den Stiefel kleben und das Band um den Hals knoten. Den Schwanz ankleben.

3 Die Zuckerstangen mit rotem Filzstift bemalen und hinter den Stiefel kleben. Die Mütze zusammensetzen und an einer Zuckerstange fixieren.

4 Drei Blätter ausschneiden und mit grünem Filzstift bemalen. Ebenso hinter den Stiefel kleben und die Pompons aufsetzen.

5 Die Glöckchen mit Nadel und Faden andem Stiefelrand anbringen. Die Wattekugel an die Mützenspitze kleben.

Neue Internetseite:
www.piapedevilla.com

Hier finden Sie alle bisher erschienenen Bücher von Pia Pedevilla und können einen Blick in den Inhalt werfen. Außerdem enthalten: jeden Monat drei Gratis-Basteltipps und das aktuelle Kursangebot der Autorin und Designerin.

Die Autorin

Pia Pedevilla lebt in Bruneck (Südtirol). Sie studierte Kunst in Gröden und Werbegrafik in Urbino. Seit Jahren ist sie im Bereich der Illustration und des Designs für Kinder tätig, entwirft Holz- und Stoffspielzeug, didaktische Spiele für Kinder im Vorschulalter, Lichtobjekte und Teppiche. Viele Jahre hat sie an der Grundschule mit Kindern gebastelt und gemalt. Heute leitet sie Fortbildungskurse für Lehrer, interessierte Erwachsene und Kinder. Im frechverlag hat sie mehrere Bücher über verschiedene Arbeitstechniken veröffentlicht.

DIESES BUCH ENTHÄLT 4 VORLAGENBOGEN

Hilfestellung zu allen Fragen, die Materialien und Bastelbücher betreffen: Frau Erika Noll berät Sie.
Rufen Sie an: 05052/911858*

*normale Telefongebühren

IMPRESSUM

FOTOS: frechverlag GmbH, 70499 Stuttgart; Fotostudio Ullrich & Co., Renningen
DRUCK: Print Consult GmbH, 82031 Grünwald

Auflage: 5. 4. 3. 2. 1.
Jahr: 2012 2011 2010 2009 2008 [Letzte Zahlen maßgebend]

ISBN 978-3-7724-3703-8
Best.-Nr. 3703